TERAPIA DE MASAJES

Una Guía Integral con los Consejos, Secretos y Beneficios de la Terapia de Masajes

© Copyright 2019 por John Carter – Todos los derechos reservados.

El siguiente eBook es reproducido con el objeto de proporcionar información lo más precisa y fiable posible. La compra de este eBook puede ser vista como un consentimiento del hecho de que tanto el editor como el autor de este libro no son de ninguna manera expertos en los temas aquí discutidos y que cualquier recomendación o sugerencia que se haga en este documento son únicamente con fines de entretenimiento. Debe consultar a un profesional cuando sea necesario antes de emprender cualquiera de las acciones aquí contenidas.

Esta declaración es considerada justa y válida tanto por la Asociación Americana de Abogados como por el Comité de la Asociación de Editores y es legalmente vinculante en todos los Estados Unidos.

Además, la transmisión, duplicación y reproducción de cualquier de las siguientes obras incluyendo información específica será considerado un acto ilegal independientemente de que sea realizado de manera electrónica o impresa. Esto se extiende a la creación de una segunda y tercera copia de esta obra o una copia grabada y solo está permitido con el consentimiento expreso por escrito del Editor. Todos los derechos adicionales reservados.

La información en las siguientes páginas es considerada en términos generales veraz y exacta y como tal cualquier falta de atención, uso o mal uso de la información en cuestión por parte del lector hará que las acciones resultantes queden exclusivamente bajo su responsabilidad. No existe escenario alguno en el que el editor o autor original de esta obra pueda ser considerado de forma alguna responsable por cualquier dificultad o daño que pueda ocurrirles después de comprometerse con la información aquí descrita.

Además, la información en las siguientes páginas está destinada únicamente a fines informativos y por lo tanto, debe considerarse universal. Como corresponde a su naturaleza, se presenta sin la garantía de su validez respecto a su validez prolongada o calidad provisional. Las menciones de las marcas registradas se hacen sin el consentimiento escrito y de ninguna forma pueden ser consideradas un respaldo del propietario de la marca registrada.

CONTENIDO

INTRODUCCIÓN 4

1 LA HISTORIA DEL MASAJE 7

2 PROPÓSITO Y BENEFICIOS DE LA TERAPIA DE MASAJES 13

3 EDUCACIÓN Y ENTRENAMIENTO 18

4 TIPOS BÁSICOS: ORIENTALES VERSUS OCCIDENTALES; TRADITIONAL VERSUS MODERNO ECLÉCTICO 22

5 TIPOS DE TERAPIA DE MASAJES COMUNES 39

6 OTROS TIPOS DE TERAPIAS DE MASAJES: ORIENTALES 46

ACUPRESIÓN 47

7 OTROS TIPOS DE TERAPIAS DE MASAJES: OCCIDENTALES 49

8 TERMINOLOGÍA 52

CONCLUSIÓN 60

INTRODUCCIÓN

Con las estresantes rutinas y el escaso tiempo entre actividades, las personas que sufren de estrés se han convertido en algo común en el mundo de hoy. Y con el paso de los años, se han usado varias terapias y medicamentos para este propósito. Uno de esos métodos comunes es la terapia de Masajes que, en los últimos diez años, se ha convertido en uno de los tratamientos más populares en todo el mundo.

El rápido aumento de la terapia de masajes ha visto un aumento astronómico en la demanda de los terapeutas de masajes en todo el mundo. Ya sea que se trate de bebés, niños, adultos mayores en UCI o como parte un tratamiento médico integrado, los centros de masajes ya no se encuentran exclusivamente en spas y salones de masajes como solía ser el caso. También ha sido usada sustancialmente para el manejo de condiciones en paciente de cáncer y VIH. Por lo tanto, ahora el masaje es una parte integral de un amplio rango de instalaciones en la industria de la salud. Pero eso no es todo. En el mundo de los deportes, el masaje también ha ganado importancia, hasta el punto que en las olimpiadas, atletas de todo el mundo buscan mejorar su entrenamiento con una saludable sesión de masajes antes de una carrera.

Aunque los beneficios de la terapia de masajes no han pasado desapercibidos, ¿qué significa realmente masajes? El término "masaje" ha variado con el tiempo, y se le han atribuido diferentes significados, y como tal, no existe una definición unánime para esta palabra. Por ejemplo, en 1886, el *Diccionario Médico de Thomas de 1886* lo definió simplemente como:

"Masaje, del griego, significa amasar.

Significa el acto de lavar con champú."

Pero eso era solo el comienzo, y algunos años más tarde, en 1994, el Doctor Axel V. Grafstrom proporcionó una definición más profunda, quien definió al masaje en *Un Libro de Texto de Mecano-Terapia* como:

"Por masaje, entendemos una serie de movimientos pasivos en el cuerpo del paciente, realizados por el operador con el propósito de ayudar a la naturaleza a restaurar la salud. Estos movimientos pasivos son fricción, amasado, palpado, estiramiento, presión, vibración y caricias."

Esta definición fue ampliamente aceptada y el masaje se introdujo en el siglo XX sin perder su significado. Sin embargo, en 1970, el masaje fue definido por un diccionario estándar como: "manipulación manual o mecánica de las partes del cuerpo mediante frotamiento, amasado, caricias o similares, usados para promover la circulación, relajar los músculos, etc."

El Diccionario Encarta proporciona una definición online del masaje, donde es definido como:

"un tratamiento que consiste en frotar o amasar los músculos, con propósitos médicos o terapéuticos o simplemente para ayudar a la relajación."

Sin embargo, existen muchas otras formas de caracterización basados en el tipo o método. Aunque algunos consideran el masaje tradicional, otros lo consideran una forma moderna de tratamiento relajante. También hay versiones asiáticas y occidentales y orientales.

Con tantos tipos y parámetros diferentes a considerar, una plétora de definiciones es válida para la terapia de masajes. Pero básicamente, el masaje involucra el uso del contacto por parte de una persona como terapia de tratamiento para otra.

El masaje es llevado a cabo manualmente amasando, frotando, acariciando, comprimiendo o realizando algún tipo de manipulación en la piel. En la mayoría de los casos, el masaje es un placer para el deleite. La ponderosa relevancia del masaje significa que es una forma confiable de tratar dolores o rehabilitar lesiones.

Generalmente es utilizado para mejorar la salud y consciencia así como para hacer que los atletas se recuperen más rápido de la fatiga muscular después de una competencia.

Aunque ha obtenido su reputación por ser usado para propósitos ligeramente "desagradables", el arte y habilidades del masaje son tan relevantes hoy en día como lo fueron en el pasado para tratamientos médicos, psicológicos y emocionales. La terapia de masajes por lo tanto, ayuda a los individuos a recuperarse de lesiones o actúa como una medida preventiva, por ejemplo en el masaje deportivo.

Como un tipo de tratamiento terapéutico, curativo, preventivo o habilitante, la terapia de masajes puede ser empleada de manera exclusiva o usada en confluencia con otros tipos de regímenes de tratamiento. Por lo tanto, puede ser usada en conjunto con terapias alternativas o tradicionales para formar parte de lo que se conoce como Medicina Complementaria y Alternativa (MCA).

En los próximos capítulos, descubriremos más sobre las complejidades y matices de la Terapia de Masajes. Los beneficios, propósitos, entrenamiento, terminologías usadas y tipos así como las distintas técnicas y enfoques adoptados comúnmente en la práctica del masaje. Ya sea el masaje de aromaterapia o el Masaje Punto de Gatillo suene más atractivo, descubre todo lo que necesitas saber sobre ellos y más en este e-book.

1
LA HISTORIA DEL MASAJE

El masaje tiene una larga historia que se remonta al pasado antiguo, con registros orales y escritos abrumadores de su práctica entre las civilizaciones que hemos llegado a conocer al día hoy.

MASAJE ANTIGUO

Desde los chinos hasta los romanos, los griegos, los hindúes y los egipcios, existen muchos registros del tremendo uso del masaje en la antigüedad como una parte complementaria o clave del tratamiento médico. La historia egipcia del masaje es evidente en las pinturas de sus tumbas que muestran individuos en sesiones de masajes. También se cree que los chinos, alrededor del año 3000 a.C., incorporaron los masajes en su programa de salud y ejercicios general. Una referencia que indica la adopción de la terapia de masajes por los chinos es *El Clásico de Medicina Interna del Emperador Amarillo* o Huang Ti Nei Ching Su Wen (ca. 2,700 B.C.) que indica: "Cuando el cuerpo se asusta frecuentemente, la circulación en las venas y arterias se detiene, y surgen enfermedades del entumecimientos y la falta de sensación. Para curar esto utilice masajes y medicinas preparadas a partir de las lías de vino." Algunas recomendaciones ofrecidas por el libro para el tratamiento de escalosfríos, parálisis y fiebre incluyen: "ejercicios de respiración, masajes en la piel, y ejercicios de manos y pies "

Las escrituras hindúes en 1800 a.C. indicaban además que la terapia de masajes era usada en confluencia con otros tratamientos para condiciones como la fatiga, pérdida de peso y la mejora del sueño. Estos escritos también informaban que el uso del masaje era una forma de mejorar la relajación. La Grecia clásica nos da finalmente un conocimiento más profundo del uso del masaje en la antigüedad.

MASAJE GRIEGO ANTIGUO

Anatripsis es la palabra griega para masaje. El masaje fue ampliamente usado por los griegos para problemas relacionados con el dolor muscular, fatiga y condiciones similares entre los soldados. Fue adoptado ya que se descubrió que el dolor y la tensión eran aliviados considerablemente tras someterse a una sesión de masajes durante el entrenamiento. Los griegos también empleaban el masaje en los deportes, ya que los atletas los utilizaban antes y después de los torneos. Sin embargo, el primer médico griego en usar el masaje como una forma de tratamiento médico fue Heródico quien creía que ayudaba a aumentar la longevidad. Heródico combinaba los masajes con aceites y hierbas en su administración del masaje como una forma de tratamiento médico.

Esto fue antes de que uno de sus estudiantes, Hipócrates (460 – 380 a.C.), quien fue apodado el "Padre de la Medicina," afirmara que el masaje era significativamente beneficioso para la mejora de las articulaciones y la mejora del tono muscular. Hipócrates consideraba que el mejor lugar para realizar un masaje era el corazón.

Existen varias menciones del masaje en los escritos de Hipócrates. Algunas de sus referencias más citadas respecto a los masajes están en sus libros "Sobre articulaciones" y "Sobre Cirugía." En el primero, Hipócrates afirma "El médico debe tener experiencia en muchas cosas, pero con seguridad en frotado (anatripsis), porque las cosas que tienen el mismo nombre no siempre tienen los mismos efectos. Para frotar una articulación que está demasiado floja, y aflojar una articulación que está demasiado rígida." (9), mientras que plantea que "Anatripsis [masaje o frotamiento] puede relajar, abrazar, encarnar, atenuar: la anatripsis dura abraza, la anatripis suave relaja mientras que demasiada anatripsis atenúa y una frotación moderada engrosa" en esta última (17).

MASAJE ROMANO

Los romanos fueron otra civilización que continuó el uso de la terapia de masajes para muchos beneficios de salud. "Frictus" que se traduce como "un frotamiento" es la palabra romana para masaje. Históricamente se ha creído que romanos prominentes incluyendo a Pliney y Julio César recibieron alguna forma de terapia de masajes. Aunque Julio César se sometió a los masajes principalmente para aliviar dolores de cabeza y neuralgia, Pliny, por otro lado, empleó el masaje para el asma.

El médico romano Aulo Cornelio Celso (ca 25a.C – ca 50 d.D.) también practicó el masaje, y denotó su importancia en su obra "De Medicina." El conjunto de 8 volúmenes vino con un número de volúmenes que discutieron la tipología, uso, y métodos de masaje o frotamiento. Aulo también planteó que el masaje podía proporcionar una cura para los pacientes paralíticos así como aliviar los dolores de cabeza. Otro médico llamado Galeno que sirvió a Septimio Severo y Marco Aurelio también enfatizó los efectos útiles de los masajes en muchas de sus publicaciones médicas.

EL MASAJE EN LOS DÍAS PASADOS

Después del Imperio Romano, hubo un descenso notorio en la práctica de la terapia de masaje o procedimientos médicos similares. Esto se debió, en parte, al hecho de que en los tiempos medievales o la Edad Media no se realizaron esfuerzos concertados para explorar la utilidad del masaje. También estaba el hecho de que el masaje exigía el contacto de las manos con la piel, un procedimiento que era considerado muy inapropiado y demasiado sensual para el mundo religioso de la época. Sin embargo, esta tendencia no fue el caso en el Oriente Medio y una serie de países no europeos.

Un notable contribuyente en el campo de la terapia de masajes con propósitos médicos fue Avicena (980-1037), un erudito persa cuyo nombre real era Ali al-Husayn Abd Allah Ibn Sinna. Avicena es el autor de muchas obras de importancia médica y también escribió libros de poesía, filosofía y teología. En sus palabras, el masaje estaba destinado "a dispersar las materias efímeras encontradas en los músculos y no expulsadas por el ejercicio."

Tras la baja aceptación del masaje en la Edad Media, la medicina recuperó popularidad en el periodo Renacentista, especialmente entre los hogares reales que reinaban en el momento. Notablemente, en el siglo XVI, el barbero-cirujano francés Ambroise Paré (1510 – 1590) adoptó el masaje en sus prácticas de medicina y finalmente se convirtió en el cirujano oficial de 4 reyes incluyendo Francisco II, Enrique II, Enrique III y Carlos IX. Las obras de Ambriose en el masaje y otros campos de la medicina aseguraron que el arte y la ciencia del masaje se revitalizaran.

En los años siguientes, el masaje se volvió más popular a lo largo del siglo XVI. Aunque se hicieron pocos esfuerzos para entender la teoría o forma de la terapia médica. El mayor logro de la terapia de masajes y que estableció el tono para la formación de la terapia de masaje conocida hoy en día, vino en el siglo XVII. Este reinado se vio sobrecargado en gran medida por dos hombres - John Grosvenor (1742-1823) y Per Henrik Ling (1776-1839).

DE 1800 A 1900

Nacido en Suecia, Per Henrik Ling fue un médico, poeta y educador que fundó un programa de entrenamiento de gimnasia que tenía al masaje como un componente integral. Henrik Ling fundó el Instituto Central de Gimnasia Real en Estocolmo en 1813. Su método de gimnasia médica era conocido como la Cura del Movimiento Sueco.

Muchas de las técnicas de Ling dependían de las de Turk, pero también incluían partes de las técnicas de terapia egipcias, chinas, romanas y griegas. La creación de Ling pronto fue llamada Sistema de Movimientos de Gimnasia Sueco o Sistema de Movimiento Sueco, ganando el nombre poco apropiado de "Masaje Sueco" en años posteriores.

Mientras que Ling empezaba a hacer del masaje un componente vital para un estilo de vida saludable, Grosvenor escribía sobre el uso sustancial del masaje en el tratamiento médico y sentía que la terapia de masajes era una verdadera herramienta para resolver innumerables problemas médicos incluyendo dolor muscular, dolor en las articulaciones rígidas, gota y reumatismo.

Una mayor contribución a la terapia de masajes llegó en el siglo XIX cuando Johan Georg Mezger (1839-1909), un médico holandés, proporcionó los pasos finales para el sistema de Ling y dio nombres franceses utilizados en lo que ahora es llamado Masaje Sueco. Esto fue particularmente importante debido al hecho de que Ling no proporcionó terminologías para las técnicas que usaba en su forma de terapia de masajes. Al aplicar nombres franceses a los movimientos claves del masaje, el Masaje Sueco ahora era sinónimo de terminologías que incluyen petrissage, effleurage, tapotement and fricción.

Pronto el masaje fue introducido en los Estados Unidos por dos hermanos George Henry Taylor (1821-1826) y Charles Fayette Taylor (1826-1899). Aunque ambos eran médicos, recibieron contribuciones invaluables del Dr S. Weir Mitchell y el Dr Douglas Graham de Filadelfia y Boston, respectivamente. Graham era el cerebro detrás de varios artículos sobre masajes y también se le acredita la publicación de uno de los primeros libros sobre masajes en 1884. Su obra *Desarrollos Recientes en el Masaje* fue publicado en 1893.

A medida que avanzaba el siglo, entrando el siglo XX, hubo más desarrollos en el campo del masaje, haciendo que se convirtiera en una forma cada vez más respetada de tratamiento médico. En 1895, John Harvey Kellogg (1852-1943) empleó la hidroterapia y el masaje como una forma de tratamiento, publicado el tratado *El Arte del Masaje*.

EL MASAJE EN EL SIGLO XX

Seguido del trabajo de Harvey hubo un número de desarrollos en la terapia de masajes durante el siglo XX. Sigmund Freud usó notablemente la terapia de masaje mientras trataba la histeria, y antes del cambio de siglo, Sir William Bennet promovió la causa del masaje al establecer un departamento de masajes en el Hospital de San Jorge en Londres, Inglaterra en 1899. También había un departamento de masaje en el Hopital St. Thomas en Londres hasta 1934.

A medida que avanzaba el siglo XX, los tratamientos que empleaban masajes se volvieron ampliamente aceptados para un número de condiciones y para el final de la Primera Guerra Mundial, en 1918, Kurre W. Ostrom había publicado su libro sobre el Masaje Sueco. La popularidad del masaje no iba sin nuevas modificaciones e introducciones a sus tipos de sistemas, y esto ocurrió cuando Jiro Mura introdujo el Jin shin jyutsu – considerado la forma japonesa de masaje. Mary Lino Murmeister entonces hizo pública esta nueva introdcción en la décadade 1960. Después, Janet Travel se sumergió en el Masaje Punto de Gatillo en la década de 1950 y continuó, junto con David Simons, a publicar su propio manual en 1983. En 1963, Ida Pauline Rolf (1896-1979) publicó una obra sobre Integración Estructural (IE) que creó y promovió una forma de masaje conocida como Rolfing. Otra masajista fiel del siglo XX fue Francis Tappan (1915-1999) quien publicó su obra junto con Elizabeth Wood y Gertrude Beard. Desde entonces, el celebrado y clásico libro de texto *Masaje: Principios y Técnicas* se ha convertido en una herramienta útil en el estudio del masaje desde su primera publicación en 1964.

EL MASAJE HOY EN DÍA

Hoy en día el masaje sigue siendo un nombre muy conocido y una actividad muy apreciada por muchas personas alrededor del mundo. Las diversas formas y técnicas empleadas ahora en la terapia de masajes han impulsado la recuperación de la relevancia y alta estima de este arte en el campo de la salud, y el ímpetu no parece mermar en el futuro cercano debido a la gran cantidad de gente beneficiándose de una forma de sesión de masaje o la otra.

2
PROPÓSITO Y BENEFICIOS DE LA TERAPIA DE MASAJES

El masaje puede ser usado popularmente con propósitos de relajación, sin embargo, existen muchos más beneficios asociados con la terapia de masajes, convirtiéndola en una forma confiable de llevar un estilo de vida saludable. Es aún más atractivo considerando el hecho del que la terapia de masajes no está diseñada exclusivamente para beneficiar a individuos de ciertos rangos de edad, género o raza. El efecto de tacto es simplemente fantástico, y la terapia de masajes lo lleva a un nivel completamente nuevo dando una sensación cómoda al mismo tiempo que brinda un toque terapéutico confiable necesario para aliviar muchas condiciones.

La aplicación de la terapia de masajes depende de la parte del cuerpo que necesita atención, y por tanto, la terapia de masajes viene en varios tipos. Por ejemplo, los masajes deportivos están enfocados más en el cuerpo en general a diferencia del masaje destinado a las dolencias que afecta una parte del cuerpo. Cualquiera sea el tipo que decidas elegir, o el practicante que está llevando a cabo la sesión, casi siempre hay un solo objetivo – ayuda a mejorar la calidad de la salud en general.

PROPÓSITOS DE LA TERAPIA DE MASAJES

Aunque la lista de condiciones y propósitos para la terapia de masajes pueda parecer infinita, el propósito principal de la terapia de masajes puede vincularse con una o varias de las siguientes:

1. Extinguir el estrés y reducir la ansiedad.
2. Para la relajación de las articulaciones y músculos tensos.

3. Estimular el sistema circulatorio del cuerpo para mejorar la eficiencia de todas las partes.

4. Mejorar la respuesta del sistema inmune.

5. Acelerar la recuperación de una enfermedad.

6. Promover una mejor calidad de la salud en general.

7. Eliminar o disminuir los síntomas de los dolores crónicos y agudos.

8. Mejorar la salud óptima al mejorar la homeostasis.

BENEFICIOS

La Terapia de Masajes sirve a un número de propósitos y en consecuencia aporta muchos beneficios a las personas. Los beneficios de los masajes están sólidamente respaldados por investigaciones. Aunque se requieren muchos más descubrimientos para validar datos y afirmaciones, los Institutos Nacionales de Salud dan crédito a los muchos beneficios de la terapia de masajes, algunos de los cuales incluyen:

1. Aumento de peso en infantes expuestos al virus del VIH y que se someten a la terapia.

2. Recuperación más rápida en pacientes que se someten a cirugía abdominal.

3. Los beneficios para las personas hipertensas al ayudar a disminuir la presión arterial.

4. Mejora los síntomas de dolores de cabeza y migrañas.

Los esfuerzos concertados están dando respuestas positivas a preguntas respecto a la Terapia de Masajes para una serie de otras condiciones incluyendo:

1. Controlar la indigestión
2. Regular la presión arterial alta
3. Como analgésico por su efecto liberador de endorfinas
4. Beneficios hormonales
5. Mejorar la circulación de la sangre
6. Promover músculos más flexibles al mejorar el rango de movimientos
7. Controlar la inflamación en las articulaciones y músculos
8. Controlar la formación de cicatrices
9. Beneficiar la disminución de las molestias del embarazo
10. Introducir aceites esenciales en la piel
11. Proporcionar una fuente alternativa para los sistemas convencionales de gestión de dolor.

<u>CÓMO FUNCIONA LA TERAPIA DE MASAJES</u>

Una serie de actividades y procesos se activan cuando se administra una sesión de masajes. Estos procesos afectan todos los sistemas del cuerpo, y de manera efectiva cuando son aplicados por un profesional experto. Las buenas técnicas de masajes terapéuticos son efectivas para mejorar la circulación de la sangre, lo que es particularmente deseable para mantener las partes inflamadas menos rojizas. Además de minimizar la inflamación, también disminuye la sensación de dolor y tensiones.

La terapia de masajes ayuda a drenar la retención de líquidos excesiva en las partes de cuerpo afectadas, asegurando que te sientas cómodo después una lesión menor o mayor mientras mejora la movilidad si una articulación está afectada. Aunque no existen afirmaciones sustanciales sobre sus beneficios en el aumento de la fuerza muscular, la Terapia de Masajes ayuda a estimular los músculos y articulaciones atrofiadas y débiles, ayudándoles a recuperar su forma plena.

Al frotar suavemente la piel, un experto en masajes promueve la liberación de endorfinas, el popular químico "sentirse bien" que también actúa como analgésico en el cuerpo. Con menos dolor viene un mejor sueño, y esto promueve una curación más rápida de una lesión.

En general, los masajes tienen efectos extensivos en el sistema nervioso autónomo que se correlacionan con una mejor estimulación y alivio de las terminaciones nerviosas. El efecto calmante resultante se siente en todo el cuerpo. Como las linfas son una parte invaluable del sistema circulatorio, quieres asegurarte que están en una buena condición con una mayor actividad para una mejor eliminación de las toxinas. Las linfas también ayudan a reponer el suministro de nutrientes. La purificación mediante los nodos linfáticos purifica el contenido antes de que lleguen al corazón.

La terapia de masajes ha demostrado ser increíblemente efectiva en asegurar que todos estos procesos ocurran sin problemas al mejorar la actividad del sistema linfático mientras previene bloqueos y nudos. Muchas personas sufren de enfermedades que invariablemente son causadas o están relacionadas con el estrés. La enfermedad cardiaca es uno de estos problemas que continúan plagando a millones de personas en el todo el mundo en los últimos años. Con los efectos calmantes del masaje, las personas pueden mejorar la salud de su corazón ya que se sienten más cómodas y regulan mejor la presión de su corazón.

APLICACIONES POSITIVAS

La terapia de masajes proporciona beneficios en muchas aplicaciones, y podría decirse que esta Medicina Complementaria y Alternativa (MCA) es usada para:

1. Espasmos musculares
2. Tensión causada por dolores de cabeza
3. Musculatura flácida
4. Circulación periférica reducida
5. Congestión linfática
6. Ansiedad
7. Dolor de espalda

Además de estos beneficios comprobados, algunos expertos también creen que la terapia de masajes puede, directa o indirectamente, ser una solución fenomenal para otras condiciones como:

1. Asma
2. Alergias
3. Bronquitis
4. Osteoartritis
5. Artritis reumatoide
6. Depresión
7. Síndrome del Túnel Carpiano
8. Trastornos gastrointestinales
9. Insomnio
10. Dolor Miofascial

Así que puedes considerar tener una sesión de masajes para ver los posibles resultados antes de embarcarte en un régimen de tratamiento integral. Recibir un masaje como parte de tu medicina alternativa complementaria solo puede ser una gran idea.

3
EDUCACIÓN Y ENTRENAMIENTO

Al igual que con cualquier habilidad profesional, recibir educación e inscribirse en un entrenamiento relevante es fundamental para convertirte en un terapeuta de masajes calificado y confiable. La advertencia con el entrenamiento en la terapia de masajes, sin embargo, es que no hay caminos profesionales establecidos a explorar para convertirse en un experto de masajes. Esto además se agrava por el hecho de que los requisitos de entrenamiento y las calificaciones educativas no son las mismas en todos los países. Por lo tanto las especificaciones varían de un país a otro. En Canadá, Inglaterra y los Estados Unidos, también existen diferencias notables en los requisitos entre los estados y provincias. Algunas escuelas podrían enfocarse más en un tipo de terapia de masajes, por ejemplo, Deportivo, Sueco o Punto de Gatillo, pero no en los tres. Por lo tanto, corresponde al masajista aspirante descubrir cuáles reglas aplican en el lugar de la práctica antes de inscribirse en un curso o entrenamiento de masajes.

CÓMO ELEGIR UN CURSO

Aunque existen diferencias clave dependiendo del país de residencia, es de vital importancia contar con una variedad de destrezas y conocimientos en tu arsenal de experiencia en terapia de masaje. Deberías asegurarte de inscribirte en un programa que cubra todas las complejidades y matices de la anatomía, fisiología y kinesiología del cuerpo ya que preparará una base saludable para la comprensión de la composición física del cuerpo, sus mecánicas y desarrollo motor. Tener un conocimiento básico de biología también puede ser útil si todavía estás en la escuela secundaria.

Además de los cursos relacionados con la fisiología, la escuela elegida debería proporcionarte conocimientos sobre las muchas técnicas de masajes existentes hoy en día, incluyendo los métodos asiáticos y americanos. Una comprensión sólida del Masaje Sueco y el Tradicional Chino también es clave ya que estarás mejor posicionado para asumir cualquier campo en la terapia de masajes debido a que éstas cubren la mayoría de las técnicas históricas y dinámicas que necesitas conocer.

ESPECIALIZACIÓN

Dedicarte a una especialidad en particular podría sonar atractivo. Y si eso es lo que quieres, existe una gran cantidad de escuelas que ofrecen programas diseñados específicamente para preparar a los aprendices en un tipo de terapia de masajes específico. Con los conocimientos básicos adquiridos, puedes fácilmente centrarte en un punto focal según lo desees. Algunas especialidades que podrías considerar incluyen la Reflexología, Shiatsu, Reiki o Masaje de Aromaterapia. El Masaje Punto de Gatillo, Deportivo o Sueco son otras opciones que también puedes considerar. Estudiar tus opciones por un periodo de tiempo decente antes de tomar la decisión te garantizará que no profundices en un campo que, a largo plazo, te resultará poco atractivo. Sin embargo, si no sientes la necesidad de especializarte, y convertirte en un terapeuta de masajes general suena bien, un curso general será suficiente.

TALLERES

Los talleres probablemente te ayudarán a reducir tus opciones ya que proporcionan una perspectiva de lo que deberías esperar en un nicho específico. La mayoría de las universidades y centros comunitarios ofrecen muchos de estos talleres, así que aprovechar esta oportunidad puede ser crítico para ayudarte a evaluar tu talento y personalidad para ver si te llama la atención antes de comprometerte en un campo de la terapia de masajes.

PRÁCTICA VS TEORÍA

Administrar sesiones de terapia de masajes tiene una orientación más práctica que teórica. Así que, inscribirte en una escuela que ofrezca mucho tiempo para las prácticas es esencial. Las clases teóricas te proporcionarán conocimientos de la historia y los fundamentos del masaje, pero las escuelas con más cursos prácticos probablemente se asegurarán de que tengas la experiencia necesaria para administrar sesiones de terapia con confianza después de finalizar el programa. Así que querrás hacer las siguientes preguntas antes de elegir una escuela de masajes.

- ¿La escuela se enfoca más en los aspectos teóricos o prácticos de la terapia de masajes?

- ¿Existe una buena cantidad de lecciones y escenarios de casos para aplicar los conocimientos adquiridos?

- ¿Y sobre la estipulación de un programa de aprendices que ayude a solidificar tus conocimientos teóricos en situaciones prácticas?

DESTREZAS DE NEGOCIOS

Cuando determinas el curso de tu educación post secundaria, busca si la escuela ofrece cursos para operar en el mundo de los negocios. Ese plan de estudio te permitirá explorar las opciones abiertas para un terapeuta de masajes. Estas pueden incluir trabajar en un ambiente laboral, junto con un quiropráctico, fuera de tu casa o en tu propia oficina o tienda. Para ayudarte a tomar una decisión, la escuela ideal incluirá cursos de finanzas. Una escuela de terapia de buena reputación te proporcionará información sobre cosas como costos operativos, ubicación, opciones financieras y cómo preparar un plan de negocios. Una buena escuela de masajes tampoco ignorará el tema de la ética tanto en el negocio como con tus clientes. Debes estar consciente de estos asuntos si quieres tener éxito y ser el mejor terapeuta de masajes posible para tus clientes.

Las escuelas de masajes también pueden ayudarte a obtener un empleo remunerado. Ellos te ofrecen orientación en la selección del empleo. Algunas escuelas ofrecen servicios de colocación para sus graduados con servicios específicos para ayudarlos a continuar con su aprendizaje. Esto podría incluir cursos de postgrado o talleres.

ACREDITACIÓN Y LICENCIA

Elige la escuela con cuidado. Revisa si los cursos que estás tomando no solo pertinentes sino acreditados. Debido a que algunos estados requieren licencias para operar, asegúrate de elegir una escuela que cumpla con su aprobación. Ten en cuenta que la educación es continua. En algunos lugares, mantener una licencia válida involucra la actualización constante de tu educación y mejora de tus habilidades mediante la asistencia anual a cursos y talleres.

Asegúrate de que tu escuela te prepare para tomar cualquier examen después de la graduación. Algunos países requieren que tomes una evaluación específica antes de poder operar en su jurisdicción. En los Estados Unidos es posible que se te solicite tomar una Examen Certificado para Masajes Terapéuticos y Trabajo Corporal (NCETMB, por sus siglas en inglés). En Europa y el Reino Unido, existen diferentes organizaciones de licencias y exámenes. Los requisitos para las licencias, podrían variar en diferentes ciudades. Esto podría ser confuso. La Asociación Irlandesa de Terapeutas de Masajes (IMTA, por sus siglas en inglés), por ejemplo, está tratando de establecer una evaluación nacional.

4
TIPOS BÁSICOS: ORIENTALES VERSUS OCCIDENTALES; TRADITIONAL VERSUS MODERNO ECLÉCTICO

Existen dos tipos básicos de terapia de Masajes: Occidental y Oriental. La forma Oriental también es llamada japonesa, china o asiática. Y aunque estos dos tipos de terapias de masajes comparten similitudes comunes, existe una variedad de diferencias entre ambas. Sin embargo, las diferencias no son todas en función del origen sino en la filosofía detrás del enfoque. Por ejemplo, el Masaje Occidental tradicionalmente involucra sesiones donde el cuerpo es tratado como una entidad física, siguiendo los ideales occidentales y reclinándose en la comprensión de la medicina occidental. Sin embargo, el masaje asiático u oriental adopta un enfoque más integral al abordar sesiones en una forma holística que considera toda la entidad del cuerpo como uno, tomando, por lo tanto, las partes emocional, física y mental del ser humano como diferentes pero singularmente interdependientes.

Tanto los tipos de Masaje Oriental como el Occidental tienen dos subdivisiones; la forma tradicional y modera ecléctica. Las formas tradicionales de masajes son tal como suenan, basándose únicamente en los conceptos originales del masaje, permaneciendo fuertemente Occidental u Oriental en el enfoque del tratamiento. Por otro lado, la terapia de masajes moderna ecléctica puede ser una mezcla de las técnicas de masajes occidentales que utilizan una filosofía oriental, o una yuxtaposición entre las técnicas de masajes orientales y el enfoque occidental. La terapia de masajes moderna ecléctica es básicamente una variación en una mezcla de ambos tipos de Masajes.

TERAPIA DE MASAJE OCCIDENTAL

El Masaje Occidental originalmente fue el Masaje Sueco o Masaje Clásico como es llamado en Suecia. Este tipo de terapia de masajes se centra totalmente en el enfoque médico o físico del tratamiento. Por lo tanto, los terapeutas del masaje occidental están más preocupados por la anatomía del cuerpo basado en la investigación médica Occidental.

Las tres formas principales de Masaje Occidental Tradicional son:

- Masaje Médico
- Masaje Deportivo
- Masaje de Tejido Profundo

También existe una serie de variaciones ligeras para estas formas. Estas incluyen:

- Hellerwork
- Masaje Esalen
- Liberación Miofascial
- Masaje Punto de Gatillo o Mioterapia.
- Rolfing y

Entonces el terapeuta tradicional occidental se enfoca principalmente en el mantenimiento y reparación del cuerpo según sea el caso. Por ejemplo, en el Rolfing, el terapeuta se enfoca en los músculos y tejidos conectivos para realinear mejor el cuerpo. El Masaje Esalen, por otra parte, es una forma de Masaje Sueco que involucra movimientos de vaivén y golpear suavemente en los tejidos profundos en un intento por restaurar el funcionamiento óptimo de las partes del cuerpo.

TERAPIA DE MASAJE ORIENTAL

La terapia de masajes china o asiática es el único tema a discutir cuando se menciona la Terapia de Masaje Oriental. Este tipo de masajes puede venir en una gran cantidad de formas, siendo la más común la acupresión. El enfoque aquí empleado se basa completamente en los conceptos médicos y filosóficos orientales donde la sanación del cuerpo después de haber sufrido una lesión de cualquier tipo solo puede ser posible al considerar toda la fuerza de vida conocida como Ki en japonés o Qi en chino. El tratamiento involucra asegurar un equilibrio delicado en toda la fuerza vital de una persona y así lidiar con el equilibrio mental, físico y emocional del hombre. Este estado del equilibrio total del cuerpo se logra usando un sistema que involucra caminos o meridianos.

En la teoría de Acupresión de la Terapia de Masajes Occidental, se cree que el bloqueo de los 8 canales o los 12 meridianos invariablemente lleva a todas las formas de enfermedades y desequilibrios emocionales. Y para restaurar la normalidad, un experto pone presión en puntos específicos del cuerpo para mejorar la fluidez en el flujo de energía, por lo tanto, restaura el equilibrio y mejora la salud en general.

Algunas de las otras formas tradicionales de terapias de masajes asiáticos son:

- Amma (Japón)
- Masaje Tailandés
- Tuina o Tui Na (China).

Sin embargo estas formas no se desvían del concepto básico de los métodos de masajes Occidentales. Por ejemplo, el masaje Tuina involucra trabajar con puntos de acupresión para estimular mejor los músculos y articulaciones. Las técnicas involucradas incluyen cepillado chino, vibración, amasado y presión.

MEZCLADAS

Aunque las formas de terapias de masajes occidental y oriental muestran variaciones ligeras, hay pocas combinaciones que explotan ambos métodos; estos son conocidos como combinaciones mezcladas o eclécticas. Algunas categorías de terapias de masajes mezclados incluyen:

- Reiki
- Reflexología
- Masaje de Aromaterapia
- Shiatsu

Aunque algunas formas como el Reiki y Shiatsu tienen un enfoque que se basa fuertemente en la terapia de masaje o medicina tradicional oriental, todas adoptan prácticas modernas y actualizaciones regularmente. Por ejemplo, la Aromaterapia funciona combinando aceites aromáticos con diferentes técnicas de masajes.

Ya sea Oriental u Occidental, todas las formas de terapias de masajes están diseñadas para promover la salud, y solo difieren en sus enfoques. Estas distintas terapias de masajes serán discutidas en profundidad en los siguientes capítulos, con foco en sus similitudes, diferencias y todo lo que está en medio. Algunos de estos tipos de Terapias de Masajes que estaremos considerando incluyen el Masaje Sueco, El Masaje de Tejido Profundo, Masaje Punto de Gatillo, Masaje Deportivo y Shiatsu.

Acupresión para Problemas Específicos

Aunque la acupresión no se aplica para todas las condiciones médicas, sí ofrece una técnica de tratamiento valioso que puede ser empleada para el cuidado exitoso de muchas condiciones. Estas son algunas formas populares de usar la acupresión para el cuidado de problemas específicos de salud.

Resfriados y Gripe

Los resfriados son un desafío de salud común. Causados por virus, los resfriados y gripe no son la mejor combinación para un día sin estrés. Es más probable que los experimentemos cuando están disponibles las condiciones favorables de acidez, temperatura y humedad. Cuando estamos fatigados o la capacidad de defensa de nuestro sistema inmune es deficiente, es muy probable que atrapemos un resfriado o gripe, permitiendo a las membranas mucosas de la nariz proporcionar un ambiente adecuado para la proliferación de virus. Los síntomas del resfriado ocurren a medida que el cuerpo intenta evitar ser atacado por estos invasores. Esto es esencialmente lo que causa la secreción nasal cuando los virus entran a las fosas nasales.

Debido a que la acupuntura ayuda a acelerar el proceso de expulsión del virus, podría parecer que los síntomas están empeorando. La realidad es, sin embargo, que solo estás atravesando un proceso de recuperación más rápido de lo que ocurre normalmente. Aunque la acupuntura no cura los resfriados expresamente, puede acelerar la recuperación así como otorgar una protección decente contra futuros ataques al trabajar en puntos específicos del cuerpo.

La proteína de Soporte (Punto potente B 36), ubicada cerca de la columna y fuera de las puntas de los omóplatos, es particularmente efectiva en ayudar el cuerpo a desarrollar una mejor resistencia natural a los resfriados. La medicina china tradicional supone que el resfriado y el viento penetran la piel en estos puntos de proteínas ya que los músculos tienden a volverse tensos antes de la aparición de resfriados y gripe.

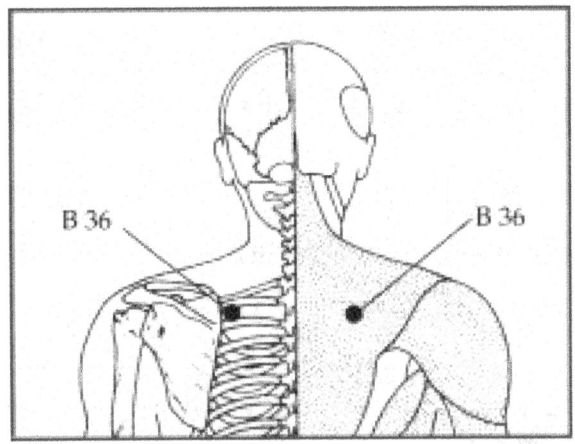

Las siguientes ubicaciones son los puntos de presión enfocados en revertir los síntomas del resfriado y la gripe:

Perforación del Bambú (B 2)

Ubicación: En las hendiduras de las cuencas de los ojos, en cada lado del punto donde la nariz y la cresta de las cejas se unen.

Beneficios: B2 ayuda a aliviar la congestión nasal y los resfriados así como los ojos fatigados y dolores de cabeza que afectan la región frontal.

Belleza Facial (St 3)

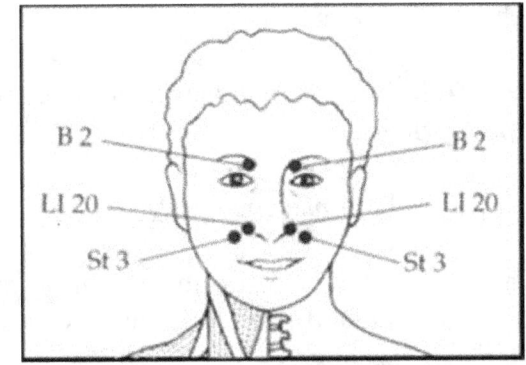

Ubicación: St 3 está ubicado en la parte inferior del pómulo y directamente debajo de la pupila.

Beneficios: Acelera la recuperación de la congestión en la cabeza, la nariz congestionada, fatiga y ardor en los ojos así como la presión ocular.

Fragancia Bienvenida (LI 20)

Ubicación: A cada lado de las mejillas, justo afuera de las fosas nasales

Beneficios: Revierte el dolor en los senos paranasales, la congestión nasal así como la inflamación facial o parálisis facial.

Estanque Sinuoso (LI 11)

Ubicación: El Estanque Sinuoso se encuentra en el extremo exterior del pliegue del codo

Beneficios: Ayuda a liberar al cuerpo de la fiebre, los síntomas del resfriado, dolor en los codos y estreñimiento

Valle de Unión (Hoku) (LI 4)

Precaución: El punto Hoku es considerado muy sensible, y por lo tanto no debería ser tocado en las mujeres embarazadas ya que su estimulación podría causar contracciones uterinas prematuras.

Ubicación: Está ubicado en el extremo superior del músculo saliente en la parte posterior de la mano cuando el dedo índice y el pulgar están cerca.

Beneficios: Ayuda a aliviar la gripe, estreñimiento, congestión en la cabeza y dolores de cabeza.

Puertas de la Consciencia (GB 20)

Ubicación: GB 20 está ubicado en el hueco de ambos lados de la base del cráneo, dos o tres pulgadas de separación según lo dicte el tamaño de la cabeza.

Beneficios: Beneficioso para el alivio de la congestión de la cabeza, dolores de cabeza, dolor de cuello, artritis e irritabilidad.

Mansión del Viento (GV 16)

Ubicación: Este punto de presión está ubicado en centro de la parte posterior de la cabeza, reclinado en el espacioso hueco debajo de la base del cráneo.

Beneficios: Ayuda a aliviar los ojos rojos, congestión en la cabeza, dolores de cabeza, estrés metal y rigidez en el cuello.

Punto del Tercer Ojo (GV 24.5)

Ubicación: Ubicado entre ambas cejas, en la hendidura donde el puente de la nariz se conecta con el centro de la frente.

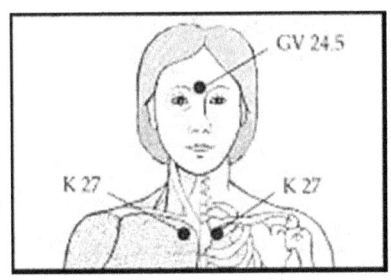

Beneficios: Mejora los síntomas de las congestión de la cabeza, dolores de cabeza y nariz congestionada.

Mansión Elegante (K 27)

Ubicación: Al lado del esternón, en el hueco que está justo debajo de la clavícula.

Beneficios: Ayuda en las dificultades respiratorias, congestión del pecho, tos, y dolores de garganta.

Vale la pena destacar, sin embargo, que solamente se deben usar uno o dos puntos de presión según el tiempo lo permita, pero no todos.

Paso 1

Presiona B 2: Usando tus pulgares, presiona la cresta superior del ojo y en el ligero hueco cerca del puente de la nariz por un minuto. Cierra tus

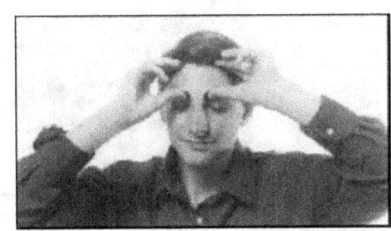

ojos y subsecuentemente respira profundamente mientras dejas que el peso de la cabeza se incline hacia los pulgares.

Paso 2

Presiona St 3 y LI 20: Coloca tus dedos medio cerca a un lado tus fosas nasales y mantén tus dedos índices cerca de ellos; Presiona suavemente hacia arriba y por debajo de los pómulos por un minuto. Este paso se puede enseñar fácilmente a los niños para ayudar a revertir las molestias nasales.

Paso 3

Presiona ambos LI 11: Dobla tu brazo derecho o izquierdo y coloca el pulgar de la otra mano al final del pliegue del codo en la parte externa del antebrazo. Dobla ligeramente tus dedos y presiónalos firmemente en la articulación del codo por un minuto. Repite estos pasos para el otro brazo.

Paso 4

Presiona LI 4 firmemente:

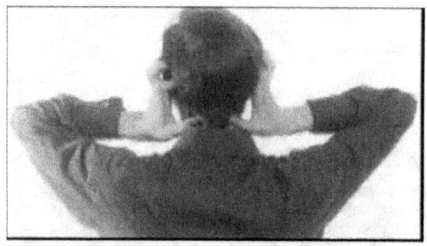

Separa tu dedo índice y pulgar derecho. Coloca el pulgar derecho en la parte posterior del tejido de tu mano izquierda mientras dejas el índice en la palma de tu mano directamente detrás del pulgar. Aprieta el tejido de tu mano izquierda presionando los dedos índice y pulgar contra el tejido, asegurando que la presión del ángulo se realice contra el hueso del dedo índice de la mano izquierda. Mantén la posición durante un minuto y cambia las manos.

Paso 5

Presiona firmemente GB 20:
Ahora Cierra tus ojos y coloca los pulgares debajo de la base de tu cráneo con dos o tres dedos de separación. Inclina tu cabeza ligeramente hacia atrás y aplica presión gradualmente,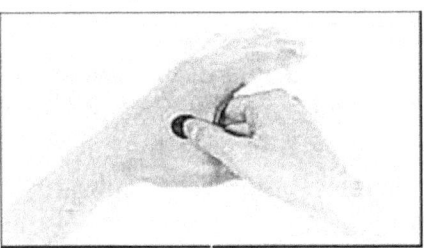
manteniendo la posición por un minuto para liberar completamente estos puntos de alivio del resfriado.

Paso 6

Presiona firmemente GV 16:
Empieza por colocar las puntas de los dedos medios en el centro de la base del cráneo. Con tus dedos en ese punto, inhala mientras inclinas tu cabeza hacia atrás y exhala inclinándote hacia adelante. Continúa el lento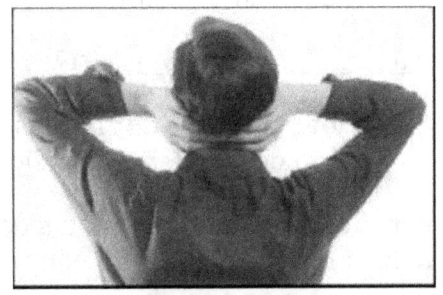
movimiento hacia adelante y atrás y respira profundamente presionando este importante punto para revertir los síntomas de la congestión de la cabeza.

Paso 7

Toca el GV 24.5: Une las palmas de las manos mientras te aseguras que la punta de los dedos medio e índice toquen suavemente el Tercer Ojo ubicado entre las cejas. Respira profundamente mientras tocas este punto para equilibrar efectivamente tu sistema endocrino.

Paso 8

Presiona firmemente K 27: Coloca suavemente la punta de tus dedos sobre las protuberancias de la clavícula y deslízalas hacia abajo y hacia afuera en la primera hendidura entre los huesos. Respira profundamente mientras presionas en este hueco y observa la reversión de los síntomas de la congestión.

Dolores de cabeza y Migrañas

Los Dolores de Cabeza y Migraña también pueden ser remediados mediante la acupresión, y este proceso empieza ubicando algunos puntos de presión incluyendo:

Puertas de la Consciencia (GB 20)

Ubicación: Debajo de la base del cráneo y dos pulgadas de separación de la mitad del cuello.

Beneficios: Reduce los dolores de cabeza y presión. También ayuda a reducir el dolor de mandíbula y cuello.

LV-3

Ubicación:

En la parte superior del piel, en la región del valle entre el dedo grande y el segundo dedo del pie.

LI-4

Ubicación:

En el tejido que separa el dedo índice y el pulgar en el punto más alto del músculo cuando el dedo índice y el pulgar se colocan en contacto cercano.

TW-5

Ubicación:

Entre los dos huesos del antebrazo, tres dedos de ancho por encima del pliegue de la muñeca.

En el proceso de aliviar los dolores de cabeza y migraña, empieza por sentarte en una silla e inclinarte, asegurándote que tus codos estén apoyados en un escritorio o una mesa. Esta posición mejorará la comodidad cuando sostienes estos tres puntos. Respira profundamente y presiona firmemente los puntos por 1 o 2 minutos.

Paso 1:

Masajea tu cabeza como si estuvieras pasando champú sobre tu cabeza

Paso 2:

Coloca los pulgares debajo de la base del cráneo en cualquier posición de la columna vertebral. Inclina suavemente tu cabeza hacia atrás, respira profundamente y presiona hacia adelante por dos minutos.

Paso 3:

Ubica GB 20.

Asegúrate de aplicar una presión profunda por un minuto o dos.

Paso 4:

Ubica LV 3.

Aplica presión en la parte superior de este punto usando el talón derecho o pulgar y frota por al menos un minuto. Cambia y repite en el otro pie.

Para los dolores de cabeza que afectan la frente y las regiones por encima de los ojos:

Ubica Li 4.

Aplica presión en este punto por 2 minutos. Combina esto con presión en LV 3 para relajar la mandíbula.

Para dolores de cabeza en las sienes o los lados de la cabeza:

Ubica TW 5. Aplica presión por dos minutos.

Para dolores de cabeza generales

Ubica cuidadosamente cada uno de los puntos de presión mencionados anteriormente y aplica una presión profunda del pulgar para cada uno de ellos al menos 2 minutos.

Dolor de espalda crónico

El dolor de espalda crónico se puede reducir al identificar estos puntos de presión:

B-123

Ubicación: Ligeramente por encima de la cintura y unos dos dedos de ancho a los lados de la columna

B-140

Ubicación: En la espalda, en el centro del pliegue.

B-157

Ubicación: En la depresión debajo del músculo grande, justo a mitad de distancia entre el talón y el pliegue de la rodilla.

B-160 Ki3

Ubicación: La abolladura en ambos lados detrás del hueso del tobillo.

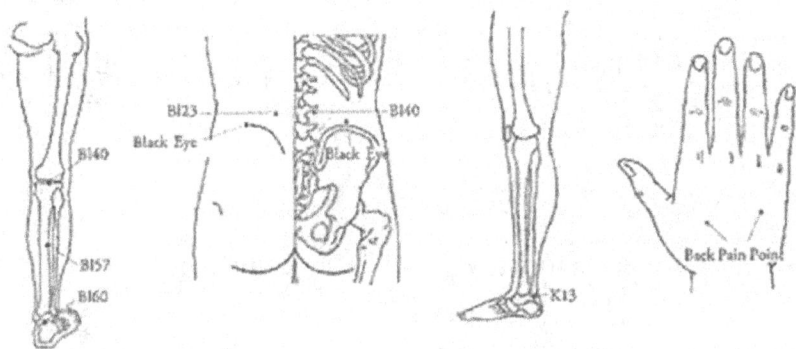

Paso 1:

Párate erguido con los pies separados a la altura de los hombros. Coloca ambas manos en la espalda y usa las palmas de las manos para para golpear suavemente hacia arriba y hacia abajo desde la muñeca hasta el sacro cien veces.

Paso 2:

Párate erguido con los pies separados a la altura de los hombros

Párate con los pies separados a la altura de los hombros. Coloca ambas manos en tu espalda ligeramente debajo de la cintura. Asegúrate de que los pulgares estén ubicados sobre dos puntos de acupresión llamados "Ojos negros". Presiona estos puntos de presión suavemente mientras rotas lentamente el resto de tu cuerpo, derecha, izquierda, hacia adelante y hacia atrás. Con puños sueltos golpea suavemente contra esos puntos por 1 minuto.

Paso 3:

Identifica el lugar donde ocurre el mayor dolor y golpea este punto suavemente 30 veces. Frota por 1 minuto.

Paso 4:

Presiona y frota suavemente B123 usando tu pulgar y mantenlo por 1 minuto.

Paso 5:

Acuéstate sobre tu estómago y pídele a alguien que presione B14 suavemente con el pulgar por 1 minuto.

Paso 6:

Frota y presiona suavemente B157 por 1 minuto

Paso 7:

Usa el dedo índice y pulgar para pellizcar B160Ki3. Repite el proceso diez veces.

Paso 8:

Usa el pulgar para presionar y frotar suavemente el punto de presión en la parte posterior de tu mano, alejado del pliegue de la muñeca por dos dedos de ancho. Uno está entre el los dedos medio y anular y el otro entre los dedos medio e índice ("Punto del Dolor de Espalda "). Practícalo por 1 minuto.

Control de Peso

La acupuntura ha sido una opción confiable para muchas condiciones, y el peso es otra área donde puede resultar increíblemente útil. El proceso puede ser realizado poco tiempo después de levantarte de la cama en las mañanas o después de prepararte para dormir en las noches. Para obtener mejores resultados en el control del peso indeseado, el siguiente procedimiento debe ser realizado una vez al día:

- Coloca la palma de la mano derecha sobre el ombligo y la izquierda encima de la palma derecha. En sentido contrario a las agujas del reloj, frota el abdomen hacia afuera 100 veces.
- Coloca tu palma izquierda sobre el fondo y frota en el sentido de las agujas del reloj hacia adentro empezando por el extremo exterior del abdomen. Repite el proceso hacia el lado contrario.
- Coloca tus palmas en la región abdominal y presiona hacia la región púbica cien veces.
- Coloca la palma derecha en el borde inferior de las costillas derechas y presiona hacia la ingle izquierda cincuenta veces. Repite el proceso hacia el lado contrario.
- Termina tu régimen presionado y amasando tus piernas y brazos por unos diez minutos.

Aquí hay otra estrategia de masajes para el control del peso:

- Toma una toalla grande.
- Protege tu piel colocando aceite para masajes o almidón en tu cintura desnuda
- Párate firmemente con los pies separados a la altura de los hombros y usa una toalla para envolver la parte trasera de tu cintura.
- Sostén firmemente el extremo de la toalla y tira de la toalla hacia adelante y hacia atrás para que raspe la cintura.
- Continúa hasta que sientas calor y la piel se enrojezca.

La lista de técnicas de acupresión no ha finalizado, con muchas otras variaciones y formas de acupresión útiles para aliviar molestias menores y mayores. Sin embargo, los pasos antes mencionados podrán ayudarte a empezar con las condiciones más comunes para los cuales la acupresión es bastante efectiva.

5
TIPOS DE TERAPIA DE MASAJES COMUNES

La terapia de masajes se puede realizar de varias formas, pero de acuerdo con la Asociación Americana de Terapias de Masaje, cinco de ellas son las más comúnmente usadas hoy en día para el tratamiento de muchas condiciones. Estas incluyen, Punto de Gatillo, Masaje Sueco, Tejido Profundo, Shiatsu y Masajes Deportivos. Todos estos a excepción del Shiatsu son formas occidentales de tratamientos de Masajes, basados en las técnicas occidentales clave para asegurar los mejores resultados de masajes después de una sesión de masajes.

MASAJE SUECO

El Masaje Clásico o Masaje Sueco es una de las tradiciones occidentales más antiguas que se remonta al siglo X cuando Per Henrik Ling (1176 - 1839) hizo intentos de introducir el arte del masaje en la educación deportiva. Para su objetivo, combinó muchas técnicas de curación orientales relevantes en su régimen de masajes que formó una unidad con el sistema occidental de fisiología, anatomía, y circulación de la sangre. La forma actual clásica o tradicional del Masaje Sueco, sin embargo, fue desarrollada por Holland-born Johan Georg Mezger quien también dio nombre a los distintos tipos de golpes cuando se aplica el Masaje Sueco. Estos golpes incluyen Petrissage, Effleurage, Tapotement y Fricción.

- Petrissage involucra amasar la piel de la persona que está siendo masajeada

- Effleurage se refiere a los toques ligeras y caricias de deslizamiento suaves

- El golpe Tapotement o "toque" tiene que ver con los toques alternativos aplicados cuando se colocan las manos y dedos ahuecados sobre el cuerpo

- Fricción (frotamientos) son los movimientos profundos y circulares sobre el tejido suave.

Un terapeuta de masajes también puede usar la vibración (temblor) además de los cuatro golpes principales.

El Masaje Sueco previsiblemente ayuda a mejorar la relajación, y en consecuencia, la circulación. También es útil para lubricar mejor las articulaciones y músculos, lo que lleva al aumento de la flexibilidad debido un rango de movimiento mejorado. Los expertos en masajes e individuos por igual encuentran al Masaje Sueco una forma confiable de aliviar el estrés mientras previene las lesiones de leve a moderadas y las enfermedades relacionadas con el estrés. Su mejora en la circulación significa que esta forma de masaje también es clave para eliminar las regiones inflamadas debido a lesiones mientras además mejora la capacidad del sistema linfático de realizar sus funciones de manera exitosa. Por tanto el tiempo de recuperación es mucho más rápido ya que la reducción del sangrado facilita la movilidad de las partes del cuerpo lesionadas. Aunque el Masaje Sueco se mantiene como la forma tradicional de Masaje Occidental, la creciente demanda por parte de entusiastas y expertos han llevado a la creación de muchas variaciones de este Masaje. Las tres variaciones más populares del Masaje Sueco que se practican hoy en día son:

- Masaje Deportivo

- Masaje Punto de Gatillo

- Masaje de Tejido Profundo.

MASAJE DEPORTIVO

La popularidad de esta variación del Masaje Sueco ha crecido en los últimos años. Debido en parte al gran número de atletas solicitando servicios de masajes más que nunca. Los Masajes Deportivos incluyen algunas partes de la Terapia Punto de Gatillo y es aplicada para ayudar a los atletas a recuperarse más rápidamente de las lesiones así como prepararlos para ir a competencias sin miedo a las lesiones. Diseñados por atletas, el masaje Deportivo es realizado utilizando un conjunto de técnicas que incluyen:

- Fricciones
- Effleurage
- Petrissage

La compresión y el masaje de fibras cruzadas es otra forma que puede ser usada para mejorar efectos musculares y aumentar la flexibilidad. Los profesionales del Masaje Deportivo también podrían emplear la Fricción del Tejido Profundo (DTF, por sus siglas en inglés) que se hizo popular después de que fue introducida por el Dr. James Cryiax. Aunque muestra similitudes con la fricción, el DTF toma una acción más profunda y es aplicable cuando el daño o lesión del tendón lleva a micro-desgarros y ocurren problemas similares en el tendón y la articulación.

Aunque es similar al Masaje Suizo, el Masaje Deportivo está específicamente diseñado para mejorar las capacidades de los atletas y su aplicación se divide en 3 áreas; Mantenimiento, Evento y rehabilitación.

El Masaje Deportivo de Mantenimiento ayuda a los atletas a entrenas más competitivamente mientras reduce significativamente las posibilidades de sufrir lesiones. Por otro lado, el masaje de Eventos se divide en tres componentes: pre, inter y post. El masaje Pre Evento involucra todas las actividades de masaje que son realizadas para energizar la sangre y relajar los músculos en preparación para una carrera o evento deportivo. El masaje Inter-Evento es invaluable para la revisión de cualquier signo de daño al cuerpo y también ayuda a que el cuerpo vuelva a estar en óptimas condiciones para los siguientes eventos. El Masaje Post-Evento se realiza por un periodo mucho más largo de 1 a 2 horas y está diseñado para acelerar la recuperación de los tejidos del estrés y agotamiento después de una competencia.

Sin embargo, la forma de masaje deportivo más comúnmente administrada de es el masaje de rehabilitación que está orientado a asegurar que los atletas recuperen su salud física en el menor tiempo posible después de un periodo sustentado de actividades deportivas. Por lo tanto funciona mediante la estimulación de áreas clave que mejoran la circulación mientras reducen el tiempo necesario para restaurar completamente el equilibrio del sistema músculo-esquelético.

Al igual que muchas otras formas de terapia, la Terapia de Masajes Deportivos es beneficiosa para atletas de todas las edades. El resultado final es un mejor rendimiento, equilibrio sostenido y una recuperación rápida después de una actividad deportiva estresante.

MASAJE PUNTO DE GATILLO

Introducido por la doctora de la Casa Blanca Janet Travell (1901-1997), el masaje Punto de Gatillo es otra forma popular de la terapia de Masaje Sueco. Al publicar "Dolor Miofascial y Disfunción: El Manual Punto de Gatillo" en 1983, Janet trabajó junto con Simons para crear un régimen, técnicas, filosofía y propósito específico para el Masaje Punto de Gatillo. Una creencia fundamental del Masaje Punto de Gatillos es que los dolores son causados generalmente por pequeños y sensibles nudos congestionados que residen en los músculos y que actúan como puntos detonantes.

Se creía que estos puntos altamente localizados causaban episodios insidiosos la mayoría del tiempo. Estos son dolores leves y punzantes que también incluyen dolores en el cuello y mandíbula, dolores de cabeza así como dolor en las articulaciones y en la espalda baja. Los puntos detonantes también han sido vinculados con los síntomas del síndrome del túnel carpiano.

Otras condiciones asociadas con los puntos detonantes incluyen mareos, dolores de oído, acidez estomacal, náuseas, dolor en los senos nasales, cólicos en bebés y congestión. El síntoma definitivo para un punto detonante es lo que se conoce como "dolor referido". Por lo tanto el punto detonante puede en realidad ser sintomático de una condición que puede no haber sido desencadenada o iniciada en el punto detonante. En cualquier caso, el proceso de aliviar el punto detonante del estrés y la tensión va mucho más allá de resolver el problema, al iniciar el proceso de sanación mientras rompe el ciclo dolor-espasmo-dolor. Hay 3 regiones fundamentales reconocidas cuando se aplica la Terapia de Masajes Punto de Gatillo. Estas incluyen los puntos detonantes satélites, los puntos detonantes centrales y los puntos detonantes adjuntos. También puede haber un punto detonante latente o un punto detonante activo. Y todos ellos tienen efectos definitivos que son cruciales para mantener el cuerpo saludable y libre de dolores.

Por lo tanto, aplicar presión en el punto de gatillo correcto sienta las bases para una anulación efectiva de los dolores del cuerpo de donde sea que se originen. Esto es realizado de una forma similar a lo que sucede en la Acupresión Asiática donde se aplica una presión profunda sostenida del dedo para aliviar el equilibrio y dolores en los puntos detonantes. Es de esperar, que el crecimiento dinámico del Masaje Punto de Gatillo haya asegurado el desarrollo de ligeras variaciones y adaptaciones. Hay dos versiones del Masaje Punto de Gatillo: La Mioterapia de Bonnie Prudden y la terapia Neuromuscular.

TERAPIA DE MASAJE DE TEJIDO PROFUNDO

El tercer tipo de Masaje Sueco es el Masaje de Tejido Profundo. Este tipo con frecuencia es considerado más como una técnica que como una forma específica de terapia. Por lo tanto toma relevancia en muchos otros tipos de terapia de masajes. Al realizar un Masaje de Tejido Profundo, un experto puede aprovechar las diferentes técnicas para aliviar exitosamente los dolores del cuerpo. El objetivo de la Terapia de Masaje de Tejido Profundo es específicamente el tejido conectivo miofascial donde se pueden encontrar adherencias por parte del practicante del masaje.

Las adherencias son bandas de tejido que son tensas y rígidas y con frecuencia forman parte de tendones, ligamentos y músculos donde causan un boqueo de las linfas y la circulación de la sangre. El resultado final es un dolor que dificulta los movimientos y detona la inflamación ya que el cuerpo trata de protegerse a sí mismo. En el Masaje de Tejido Profundo, el terapeuta trata de deshacerse de los dolores del cuerpo aplicando golpes lentos acompañados por presión de los dedos sobre las adherencias o áreas tensas. El éxito de este enfoque por lo tanto depende de la aplicación de una presión lo suficientemente profunda en esas áreas.

El Masaje Profundo, al igual que el Masaje Deportivo, tiene un enfoque e intención específico ya que el terapeuta busca realinear los músculos del cuerpo y los tejidos conectivos ubicados en las capas más profundas. Una sesión de Masaje Profundo exitosa puede ayudar a aliviar los dolores de la espalda baja, el síndrome del túnel carpiano, movimientos inhibidos en las articulaciones y músculos, fibromialgia y una cantidad de dolores crónicos.

SHIATSU

A diferencia de otros tipos de masajes mencionados anteriormente, el Shiatsu tiene un origen que puede ser rastreado hasta las tradiciones orientales. La palabra Shiatsu es japonesa y también se refiere a un tipo de Acupresión china. El Shiatsu se traduce como "Presión de los dedos." Aunque se inclina hacia algunas prácticas modernas de la medicina asiática, el Shiatsu tiene un enfoque tradicional hacia la fisiología humana y se enfoca en todo el ser. Por tanto, aunque es invisible, la interconexión del cuerpo espíritu, mente y emociones es considerada en el enfoque Shiatsu de la terapia de masajes.

La técnica del Shiatsu demanda un conocimiento integral de la interacción que existe entre el Yin y el Yang. Los terapeutas del Masaje Shiatsu también deben conocer la conexión existente entre el cuerpo y Ki o la fuerza de vida. Se dice que el Ki fluye por los canales y meridianos a lo largo de los cuales hay Acupuntos o Tsubo. Un ki de flujo normal que no está impedido por obstrucciones o bloqueo significa que el cuerpo está excepcionalmente equilibrado y saludable. Sin embargo, hay situaciones donde Ki (Jitsu) puede ser excesivo o deficiente (Kyo), en cuyo caso el cuerpo empieza a sentir dolores con la aparición de diferentes enfermedades y problemas de salud.

Una técnica generalmente aplicada por el practicante de Shiatsu es la tonificación donde se ejerce una presión lenta y gradual sobre Meridianos Kyo identificados. El proceso ayuda a cargar de energía los meridianos y en consecuencia mejora la inversión de los dolores corporales. El Jitsu puede ser relajado en otra variación donde el terapeuta ayuda a tratar los dolores usando técnicas como la presión de los pulgares, presión en la palma de la mano, presión en los codos y presión de los dedos. El Yin se refiere a un toque suave y una presión sostenida mientras que un toque rejuvenecedor y revitalizante es llamado Yang.

Una buena sesión de Masaje Shiatsu puede, además de acelerar la inversión de los síntomas, ayudar también al equilibrio hormonal del cuerpo para una mejor digestión y sistemas reproductivos más efectivos. Sin embargo, el objetivo específico es asegurar que el Ki sea restaurado delicadamente a su equilibrio para mantener al cuerpo funcionando en buenas condiciones. La naturaleza versátil y asombrosamente efectiva de las formas de masajes oriental y occidental ha predicado el aumento consistente de la demanda de la medicina alternativa y complementaria.

6
OTROS TIPOS DE TERAPIAS DE MASAJES: ORIENTALES

Aunque hay tipos de Masajes Orientales populares comúnmente en uso, abundan las opciones y tratamientos alternativos para revertir dolores y mantener la integridad del cuerpo. Como se indicó anteriormente, las divisiones generales de los tipos de masajes también tienen variaciones híbridas y modernas que han sido talladas a partir de las formas de terapias de masajes existentes. Por ejemplo, las Terapias de Masajes Orientales y Occidentales pueden ser sinergizadas para un tratamiento aún más efectivo.

La Terapia de Masaje China es la forma de Terapia de Masaje Oriental estándar y abarca todos los aspectos y prácticas vinculados con las tradiciones chinas. El Trabajo Energético o Terapia de Masaje Asiático (TMA) son términos alternativos usados para describir la TMC. El TMA es una mejor descripción de este tipo de masajes si quieres incluir los tipos de masajes tailandés y japonés. Las formas comunes de alivio del dolor mediante el uso del TMC incluyen Amma, Tui Na o Acupresión.

El concepto de TMA depende de la fuerza de vida que viaja a través de canales específicos en el cuerpo (12 meridianos y otros 8 canales), y cuya alteración se cree que causa enfermedades físicas, emocionales y mentales. Cuando ocurre una enfermedad, el terapeuta de masajes restaura la normalidad al detectar la causa del problema y explora técnicas apropiadas para restaurar el equilibrio Chi. Estas técnicas incluyen amasar, presionar, apretar, palpar y pellizcar a lo largo de los acupuntos en los canales o los acupuntos extraordinarios que no están en los canales. Mientras se realiza este proceso para restaurar el equilibrio Ki/Qi que se refiere a la fuerza de la vida o de la energía, la Terapia de Masajes Oriental es sinónimo de Trabajo Energético.

ACUPRESIÓN

La Acupresión es sinónimo de Terapia de Masaje Asiática; es en realidad el tipo de TMA más popular. Existen muchas variaciones de la acupresión que incluyen enfoques tradicionales y modernos que se presentan en diferentes formas. Por ejemplo, Amma (japonés) y Tui Na (chino) son formas tradicionales de acupresión, y aunque ambos preceden al Shiatsu, todos comparten técnicas similares. La principal técnica empleada en la acupresión Amma es de alguna manera similar al Masaje Sueco, con una combinación de técnicas de presión combinados con golpes precisos en las partes del cuerpo afectadas. La sanación está dirigida hacia los meridianos, y por tanto, la energía es canalizada a lo largo de estos puntos meridianos. Se cree que probablemente está basado en las prácticas de Tui Na, la teoría de los cinco elementos es utilizada en la acupresión Amma.

El Tui Na, con dos mil o más años de antigüedad precede al Shiatsu y Amma. La práctica funciona con muchos tipos diferentes de caricias. Algunas de ellas incluyen agitar, amasar, sacudir, palpar, presionar y manipular los puntos de presión claves en el cuerpo a lo largo de meridianos específicos. También se pueden usar hierbas cuando se realiza la acupresión Tui Na.

El Masaje Tailandés tiene ciertas semejanzas con el Tui Na pero tiene sus orígenes en China y la India. Aunque es un trabajo Energético, el patrón de los meridianos en el masaje tailandés es peculiarmente similar a la forma antigua de trabajo energético hindú.

Se ejerce presión en las palmas sobre puntos específicos del cuerpo a lo largo de los meridianos o canales para liberar cualquier bloqueo y mejorar el equilibrio del cuerpo. Los terapeutas del Masaje Tailandés también son expertos en asegurar un aumento en el rango de movimiento mediante la energización del cuerpo. El Masaje Yoga Tailandés es otra mezcla que fusiona técnicas del Masaje Tailandés con las posturas de Yoga. En la India, la fuerza de vida se llama Prana.

Las formas modernas de Terapia de Masajes Asiáticas incluyen Reiki y masajes de aromaterapia. El origen del masaje de aromaterapia puede ser rastreado a Egipto, la India, Babilonia, el Imperio Moro y Grecia. Este tipo de masajes es basado principalmente en el poder del aroma de los extractos de plantas de los aceites esenciales para impulsar la sanación de las condiciones del cuerpo. Las técnicas usadas también pueden diferir, pero están más inclinadas hacia el Masaje Suizo que hacia el Tui Na.

Los practicantes del Reiki afirman que tiene orígenes tibetanos. Sin embargo, desde entonces se ha convertido en una forma de terapia de masaje confiable con una variación de hoy que fue impulsada a finales del siglo XIX por el Dr. Mikado Usui. La sanación usando el sistema Usui se basa en la manipulación experta de la energía. A diferencia del "ki" que significa la fuerza de vida básica, "Rei" es usado básicamente para referirse al aspecto universal de la sanación. La terapia de masajes Reiki es realizada a través de canales llamados Chakras y no meridianos como en otras formas de Terapia de Masaje Asiático. Y sorpresivamente, los expertos en Reiki no necesitan hacer contacto corporal con el receptor de la terapia durante el proceso de sanación.

7
OTROS TIPOS DE TERAPIAS DE MASAJES: OCCIDENTALES

Se han discutido muchas formas de Terapia de Masajes Orientales en los capítulos anteriores, pero la Terapia de Masajes Occidental no está exenta de variaciones. Como se dijo anteriormente, existen formas de Terapia de Masajes Occidentales tradicionales y modernas. Y aunque las más populares incluyen Punto de Gatillo, Masaje de Tejido Profundo, Masaje Deportivo y masaje Sueco, existen otras opciones que pueden combinar una o más formas de estos tipos de masajes para avanzar hacia un enfoque más holístico de la curación natural del cuerpo. Por ejemplo, puedes tener una mezcla de terapias de masajes tradicionales y occidentales, ir por variaciones del masaje sueco, o simplemente tallar una nueva forma al combinar elementos de las Terapias de Masaje Orientales y Occidentales. Dicho esto, otras formas de Terapias de Masajes Occidentales incluyen:

- Rolfing
- Masaje Esalen
- Liberación Miofascial
- Masaje Médico
- Método Kurashova
- Reflexología

El rasgo característico del Masaje Occidental es que se enfoca más en el cuerpo, donde la mayoría de técnicas que conducen a una reparación física, especialmente en el caso del Rolfing.

ROLFING

Ida P. Rolf (1896-1979) es la arquitecta detrás del arte del masaje Rolfing. Una técnica conocida oficialmente como el Método Rolfing de Integración Estructural que supone que los cambios dentro del sistema miofascial o tejido conectivo son las causas principales del desgaste ocurrido en el cuerpo. Los practicantes del Rolfing usan los dedos, codos y nudillos para ayudar a restaurar la alineación natural del cuerpo y por lo tanto ayuda a prevenir el empeoramiento de las enfermedades. Una terapia de Rolfing típica se completa después de diez sesiones. Un procedimiento hasta ahora doloroso, desde entonces el Rolfing ha sido modificado para asegurar que todos los clientes tengan el mejor y más conveniente proceso de sanación.

Habiendo practicado en el Instituto Esalen en California, Ida Rolf procedió a establecer su propia escuela y método llamado el Rolf Institute. Como en el Rolfing, el masaje Esalen tiene sus raíces en técnicas similares al masaje sueco. Por tanto, también presenta largas caricias, pero en combinación con masajes profundos del tejido ayudado por los movimientos de vaivén en lo que se llama un ambiente de apoyo o cuidado.

La Terapia de Masajes de Liberación Miofascial no es muy diferente al Rolfing y se acredita a los esfuerzos del Fisioterapeuta John Barnes. Se centra en la fascia, por tanto el terapeuta restaura el equilibrio del cuerpo al liberar la tensión usando las palmas, dedos, codos, y brazos. Las técnicas que implican movimientos largos, caricias deslizantes y suaves son empleadas en el proceso. La Terapia de Masajes de Liberación Miofascial también puede ser incorporada en otros tipos de Terapias de Masajes.

MASAME MEDICO

Otra variación del Masaje Sueco es el Masaje Médico que generalmente está relacionado con la sanación del cuerpo físico. Sin embargo, puede ser abordado en varias formas y técnicas según la condición del paciente y las instrucciones o prescripciones del médico. Por lo tanto los expertos en Masajes Médicos trabajan en sinergia con otros expertos de salud para lograr el objetivo de cura de un amplio rango de condiciones incluyendo el codo de tenista, deformidades, dolor en la rodilla, ciática, trastornos de estrés repetitivos y esguinces en los tobillos.

El Masaje Médico está basado en el Método Kurashova y puede ser rastreado hasta Rusia desde donde fue introducido a los Estados Unidos por Zhenya Kurashova Wine. Existen más de cien caricias en el Método Kurashova y el tipo de caricia aplicado, ya sea profundo o suave, es en función de la condición que sufre el paciente. El método Kurashova combina elementos del Masaje Deportivo y de la Terapia de Masajes Médica.

REFLEXOLOGÍA

Aunque es conocida como una forma de Terapia de Masajes Oriental vinculada en sus orígenes con la Acupuntura China y las pinturas en las paredes egipcias, la Reflexología en realidad fue fundada por americanos. El Dr. William Fitzgerald ideó una teoría que buscaba definir una forma de mantener al cuerpo en las condiciones adecuadas. Su propuesta estaba basada en la interconexión de puntos únicos en los pies, presión y efecto en los órganos del cuerpo. Fitzgerald se refirió a 10 zonas específicas que, si se presionan correctamente, ayudarán en gran medida a mantener la integridad de los órganos del cuerpo y a mantener la salud de las personas. Una teoría similar a los conceptos del Masaje Chino donde estos puntos son llamados meridianos y canales.

Para promover esta teoría, la Masajista Americana Eunice D. Ingham lideró la adopción de las ideas de Fitzgeral. Esto terminó en la publicación de su libro *Las Historias que los Pies Pueden Contar* en 1998, después del cual el arte del Masaje de Reflexología se hizo popular. La reflexología cree que puntos específicos del cuerpo tienen vínculos con los órganos del cuerpo, y que al presionar estos puntos, es posible sanar dolores y condiciones similares. La reflexología se combina naturalmente con aspectos de las formas de terapias de masajes orientales y occidentales como Shiatsu, Aromaterapia, Terapia de Masaje Chino, Masaje Deportivo y Yoga.

8
TERMINOLOGÍA

Aquí presentamos algunos términos comunes usados en la Terapia de Masajes y sus significados.

- **Acupresión:**
  Un método Tradicional del Masajes Chino que involucra el uso de los dedos para aplicar presión en puntos clave a lo largo de los meridianos o Qi o los canales de energía Ki. El Shiatsu es uno de los ejemplos de la Terapia de Masaje China Tradicional que emplea la Acupresión.

- **Amma:**
  Amma o Anma es la terapia de masajes tradicional de Japón. Precede al Shiatsu y está basado en las formas Tradicionales del masaje chino, empleando técnicas como caricias, acupresión, palpado, y amasado a lo largo de los meridianos.

- **Masaje de Aromaterapia:**

  Un tipo de masajes que utiliza los aromas de los aceites esenciales para revitalizar los sentidos y promover la sanación.

- **Terapia de Masaje Asiática:**

  Un término amplio que se refiere a las Formas de Terapia de Masajes con orígenes Orientales. A diferencia de la Terapia de Masajes Occidental, los Masajes Asiáticos no se enfocan exclusivamente en el cuerpo físico sino que aplica un enfoque más holístico que considera la interrelación del alma, mente, emoción y cuerpo en el proceso de curación. Esta forma de terapia también depende de los conceptos de propiedades médicas y físicas tradicionales asiáticas sobre la anatomía del cuerpo. El proceso cree en la necesidad de equilibrar la fuerza de vida o nivel de energía referido como Qi, Ki o Chi. Y al examinar el flujo de energía a través de los Chakras,

Meridianos o Canales, el experto puede determinar correctamente dónde estimular usando técnicas como amasado para equilibrar el flujo de energía. Las formas asiáticas de Terapias de Masajes incluyen el Tui Na, Shiatsu, Amma y Masaje Tailandés.

- **Ayurveda:**
Se refiere a un sistema de sanación basado en los antiguos escritos védicos indios. Un clásico ejemplo de sanación mediante el método Ayurveda es Deepak Chopra. El sistema también emplea una terapia de masajes para un enfoque de sanación integral.

- **Chakras:**

Una terminología usada frecuentemente por los practicantes de Reiki. Los Chakras son un concepto usado para referirse a uno de los siete centros que regulan el flujo de la energía entre el cuerpo y la mente.

- **Canales:**
Los canales, llamados algunas veces meridianos, son caminos invisibles de flujo de energía dentro del cuerpo. El término es usado comúnmente en la Terapia de Masajes Asiática u Oriental.

- **Chi:**

Chi es una palabra china que se refiere a la fuerza de vida o energía y por lo tanto es central en el proceso de restauración de la salud general que involucra el cuerpo, emociones y mente en la Medicina China. Una abundancia en exceso de Chi, bloqueo o escasez de este tiene un impacto negativo sobre la salud. Por tanto, los practicantes de Chi trabajan para equilibrar el Chi en casos donde el individuo está enfermo. Qi es otra palabra china para Chi. En japonés, en cambio se usa Ki. En las prácticas de masajes indias, Prana es la palabra usada para referirse a Chi.

- **Masaje de Tejido Conectivo:**

    Desarrollado en Alemania en 1930, el Masaje del Tejido Conectivo funciona en las capas del tejido entre la piel y el músculo para restaurar el funcionamiento efectivo y flexibilidad de las capas de los músculos. La terapia sostiene que existe un efecto positivo que se extiende hacia otras partes del cuerpo tras haber masajeado de forma efectiva una parte.

- **Masaje del Tejido Profundo:**

    Un tipo de masaje que se enfoca en la manipulación del tejido conectivo miofascial. El Masaje de Tejido Profundo, además de ser una forma de Masaje, también es una técnica empleada en otros tipos de terapias de masajes. El masaje depende de la Integración Estructural y la Terapia de Masaje Sueco.

- **Terapia de Masaje Oriental:**
    Consulta la Terapia de Masaje Asiática.

- **Effleurage:**
    Una técnica del Masaje Sueco que involucra el uso de ambas manos al dar caricias suaves y deslizantes en partes del cuerpo para proporcionar una experiencia calmante y relajante.

- **Masaje Esalen:**
    Desarrollado en el Instituto Esalen en California, el Masaje Esalen combina elementos del Masaje Sueco con principios que involucran la consciencia sensorial y sensibilidad ambiental.

- **Fascia:**
    Se refiere a los tejidos conectivos que proporcionan el soporte necesario para los músculos, huesos, y órganos del cuerpo.

- **Fricción:**
  Una técnica principal de la Terapia de Masaje Sueco, la fricción involucra penetraciones más profundas en la piel al usar las manos para hacer movimientos circulares durante una sesión de masajes.

- **Masaje de Piedra Caliente:**

  Una técnica de masajes donde se colocan piedras calientes de diferentes tamaños sobre el cuerpo para ayudar a sanarlo. Los expertos en masajes con frecuencia hacen esto en combinación con Terapias de Masajes Asiáticas como Shiatsu, en cuyo caso las piedras son ubicadas en canales, meridianos, chakras y puntos de presión específicos.

- **Ki:**
  La palabra japonesa para Chi es decir, la energía o fuerza de vida del cuerpo.

- **Método Kurashova:**
  Un método empleado en el Masaje Médico Ruso que incluye más de 100 tipos de caricias aplicadas en las partes del cuerpo afectadas para aliviar el dolor y acelerar la recuperación de los Atletas.

- **Masaje Médico:**
  Un tipo de Masaje Sueco donde los médicos prescriben o dirigen las formas médicas de masaje terapéutico dependiendo de la lesión presentada por un individuo.

- **Meridianos:**
  También llamado Canales o Chakras, se refieren a los caminos que dirigen el flujo de energía o fuerza de vida en el cuerpo. Son el centro de enfoque en la mayoría de las formas de Terapia de Masajes Asiáticas.

- **Liberación Miofascial:**
  Una técnica de masaje dentro de la fascia trabajada usando los codos, dedos, manos, palmas y antebrazos para realizar

caricias largas, suaves y lentas para aumentar la movilidad de la fascia.

- **Terapia de Masaje Oriental:**
  Consultar la Terapia de Masaje Asiática

- **Petrissage:**
  Una técnica del Masaje Sueco que involucra el amasado de la piel.

- **Prana:**
  La palabra india para Chi que significa fuerza de vida o energía.

- **Reflexología:**
  Un masaje que se concentra en las manos y los pies. En la reflexología, los expertos ejercen presión en zonas específicas de las extremidades en un intento por liberar la tensión, el estrés o el dolor en esas partes del cuerpo.

- **Reiki:**
  Basado en los métodos asiáticos de masajes y medicina, el Reiki es característicamente diferente ya que no requiere que el practicante use las manos durante el proceso de sanación. Los expertos solo transfieren energía de las manos hacia las partes del cuerpo afectadas cuando restauran el equilibrio usando los conceptos de los Chakras y fuerzas de vida.

- **Rolfing:**
  Al manipular profundamente el sistema miofascial del cuerpo, la técnica del rolfing es un método de integración estructural que ayuda a reorganizar la estructura del cuerpo después de una lesión o distención muscular.

- **Método Rosen:**
  El Método Rosen emplea toques no invasivos y comunicación verbal para ayudar a los pacientes a recuperarse de una enfermedad. El Masaje o toque es usado para detectar cualquier contracción muscular aberrante y un problema de

salud mientras que la comunicación verbal es usada para descubrir problemas emocionales subyacentes.

- **Shiatsu:**
Significa "presión de los dedos" en japonés, es una forma de Acupresión que involucra la restauración del equilibrio de la energía de los meridianos Ki o canales mediante la aplicación de presión. Es un método popular de sanación en las culturas asiáticas y occidentales.

- **Masaje Deportivo:**
Otra variante del Masaje Sueco que difiere en el área de aplicación de masajes. A diferencia de su aplicación en todo el cuerpo como ocurre en el Masaje Sueco, el Masaje Deportivo se enfoca en regiones específicas del cuerpo y ayuda a restaurar y mejorar así como rehabilitar y mantener la salud de los atletas. Las tres subdivisiones del Masaje Deportivo son Mantenimiento, Evento y Rehabilitación. También existen variantes. Por ejemplo, Masaje Deportivo Equino que está diseñado específicamente para caballos de carrera.

- **Integración Estructural:**
Un término que es usado principalmente para describir al Rolfing. Sin embargo, la Integración Estructural puede ser usada para referirse a otras terapias de masajes y trabajos corporales que involucren la integración de la estructura del cuerpo. El Masaje de Tejido Profundo, por ejemplo, emplea la técnica de la Integración Estructural.

- **Terapia de Masaje Sueca:**

El principal tipo de Terapia de Masajes Occidental que se enfoca en la sanación física del cuerpo. La Terapia de Masaje Sueco es la fuente de otros tipos de masajes populares como el Masaje Deportivo, el Masaje de Tejido Profundo, El Rolfing y el Masaje Médico. Las técnicas usadas en la Terapia de

Masaje Sueco incluyen Petrissage, Effleurage, Tapotement y Fricción.

- **Tapotement:**

  Tapotement es una Técnica de Masaje Sueco que involucra la sanación mediante el uso del borde de las manos, dedos o manos ahuecadas para hacer caricias suaves en las partes del cuerpo afectadas en golpes rápidos y alternados.

- **Masaje Tailandés:**
  Un tipo de Terapia de Masaje Asiática popular que usa los principios de la medicina Oriental. El masaje es realizado mediante la manipulación cuidadosa del cuerpo usando una variedad de otras técnicas como la acupresión. El Masaje Tailandés también puede ser realizado en combinación con el Yoga y que es llamado Masaje Yoga Tailandés.

- **Terapia de Masajes Punto de Gatillo:**
  Una terapia de masajes que usa el concepto "Puntos de Gatillo" donde se cree que ciertos puntos en el centro de ciertos músculos son esenciales para irradiar dolor a todo el cuerpo. Por tanto, la terapia de masajes está enfocada en presionar de manera experta estos puntos para aliviar los dolores del cuerpo. Una variación de esta terapia de masajes es la Mioterapia de Bonnie Prudden.

- **Tui Na:**
  Una forma de Terapia de Masajes China que usa los conceptos de sanación tradicionales, el Tui na ayuda a revertir los problemas de salud al emplear la fuerza de vida Chi o Qi que fluye a lo largo de los canales o meridianos en el cuerpo usando técnicas como frotar, acupresión, presión, agitar, palpar, sacudir y manipular.

- **Terapia de Masaje Occidental:**
  Un término de masaje basado en los conceptos occidentales y entendimiento de la anatomía y fisiología del cuerpo. La Terapia de Masaje Occidental Tradicional se enfoca

únicamente en el cuerpo físico y por tanto difiere de la Terapia de Masajes Oriental o Asiática que toma un enfoque más holístico para la sanación del cuerpo. Las terapias de masajes occidentales vienen en varias formas incluyendo el Masaje Deportivo, Masaje Sueco y Masaje Médico.

- **Zonas:**
  Un término de la reflexología que define los puntos de manipulación por un terapeuta experto para aliviar el estrés, revitalizar el cuerpo después del ejercicio y restaurar la salud general de los individuos. Cada zona de las manos y pies está conectada con una parte central u órgano del cuerpo.

CONCLUSIÓN

El arte del masaje ha hecho un progreso tremendo en los últimos años, con servicios robustos que ya no solo proporcionados exclusivamente en lugares peligrosos y desagradables. También ha evolucionado para ser una sesión saludable para todos, y no un servicio que está específicamente diseñado para un conjunto élite de individuos como era el caso en el pasado. Sus beneficios de largo alcance han garantizado que la cobertura básica de muchos planes de salud ahora incluya la terapia de masajes.

Una gran variedad de problemas pueden ser tratados exitosamente mediante una sesión de masajes, y estas incluyen muchas lesiones y preocupaciones emocionales de salud. En el Masaje Deportivo, por ejemplo, los atletas pueden recuperarse mejor de las distenciones y problemas musculares que son sinónimo de actividades deportivas. Esto posiciona a los atletas a batear un home run en los próximos eventos. Los dolores crónicos de diversa índole también pueden ser anulados con terapias de masajes administradas cuidadosamente. Las madres que acaban de dar a luz pueden beneficiarse de los beneficios calmantes necesarios para enfrentar la depresión postparto.

Convertirse en un masajista profesional viene con algunos desafíos, y las preocupaciones populares se basan en los requisitos de licencia y cursos necesarios para practicar completamente el arte del masaje. Esto se debe en parte a la abrumadora cantidad de opciones disponibles y las áreas nicho en las que puedes especializarte. Por ejemplo, la Terapia de Masaje Asiática se basa en el principio de sanación holístico que puede ser realizado de muchas formas. El Masaje Occidental, por otra parte, se ocupa de la entidad física total, con formas como el Sueco, Medico y Deportivo. También están la reflexología y el Reiki que son eclécticos en su naturaleza, combinando aspectos asiáticos y tradiciones occidentales.

Las propiedades de sanación del masaje parecen expandirse constantemente, y con muchas más investigaciones desentrañando beneficios antes desconocidos, probablemente el entusiasmo del masaje no declinará en el futuro cercano.

Con esto, hemos llegado al final de este libro. Quiero agradecerte por elegir este libro.

Ahora que has llegado al final de este libro, primero nos gustaría expresar nuestra gratitud por escoger esta fuente particular y tomarte el tiempo de leerlo. Toda la información aquí contenida ha sido investigada y reunida con el objeto de ayudarte a entender los principios de la terapia de masajes tan fácilmente como sea posible.

Esperamos que te haya parecido útil y ahora puedas usarla como una guía en cualquier momento que lo desees. También querrías recomendarlo a cualquier familiar o amigo y a quienes creas que pueda resultarle útil.

www.ingramcontent.com/pod-product-compliance
Lightning Source LLC
Chambersburg PA
CBHW050204130526
44591CB00034B/2126